KB274867

아·시·아·현·대·시·인·선

새가 모이를 쪼듯이

고카이 에이지 시집
小海永二

권 택 명 옮김

서문당

아시아 현대 시인선을 펴내며

아시아 시인들 상호간의 우의와 결속을 다지고 작품교류를 도모한지도 어언 15년의 세월이 흘렀습니다. 그동안 우리는 7권의 「아시아 현대시집」과 5회에 걸쳐 「아시아 시인회의」를 개최한 바 있습니다.

이제부터 시리즈로 출간되는 「아시아 현대시인선」은 이러한 업적의 연장선상에서 이루어지는 것으로 지금까지의 포괄적인 성과를 지양한 개별적인 업적을 추적해 보려는데 그 의의가 있다 하겠습니다.

이 시인선에 픽업되는 대상은 아시아 시인회의 주최국이 되어 온 한, 중(대만), 일 3국의 주요시인과 아시아 각국의 빛나는 시인들을 번역상의 장애가 없는 한도내에서 고루 망라하게 될 것입니다. 이 시도가 아시아 현대시의 발전적 전기가 되기를 바라는 마음 간절합니다.

아시아현대시인선 간행위원회

새·가·모·이·를·쪼·듯·이·차·례

I

Ⅱ

Ⅲ

IV

V

VI

I

나무들의 소리

숲 속이나 수풀 속에서
목숨의 소리가 서로 불러대는
나무들이여 뭣을 속삭이고 말하는가
나뭇가지를 빛이 흘러간다

상　자

상자로다
어느 것이나 무릇 네모난
상자가 즐비하게 놓여있다
같은 싸이즈의 상자
규격대로의 상자
가로 놓인 상자도 있고
세로 쌓인 상자도 있다
두 상자 몫 세 상자 몫으로
한 집이라는 상자도 있다
상자가 서 있다
상자가 쌓여있다
쌓인 상자마다
하나씩 베란다가 붙고
베란다에 이불과 세탁물이 걸려있다
안에서 아이들이 놀고 있는 모습도 보인다
저녁이 되면 등불이 켜진다

일가단란을 위한 둥지 상자
가난하고 사랑스런 둥지 상자이다
일본의 서민들 집집은
오랫만에 간신히 손에 넣는 조그만 상자
상자가 즐비하게 놓여있다
언덕 경사면에
선로가에 상자가 쌓여 서있다
상자가 이어져서
꽉 땅 위를 메꾸고
즐비하게 놓여있다

그늘에 있는 사람들

화려한 패션 쇼 그늘에는
화려한 옷을 만드는 일꾼
바느질하는 사람들이 있다

화사한 미식가의 요리 그늘에는
발전도상국의 가난한 어부나
일용 노동자들이 있다

첨단기술을 쓴
과학병기 그늘에는
내장을 드러낸
고깃덩어리와 흩어진
무고한 백성들이 있다

누구나가 다 알고 있으면서도
입에 담지 않는 사실

기독교 시인도
일본의 <知>를 대표하는 시인도
쓰지 않는다는 사실

천국과 지옥

밝음과 어둠
천국과 지옥
지옥에 의해 지탱된 천국
자본의 논리
밝음과 어둠은 교차하지 않는다
밝은 데는 어디까지나 밝고
어두운 데는 어디까지나 어둡다
격차가 있는 계급·민족·인권·국적의
절대적인 벽

그리고 모두
<세상은 별일도 없고>
불의의 평화
겉만의 번영

보인다·안보인다

보고 있으면서 안 보는 사람이 있다
태만하다

보고 있으면서 안 보이는 사람이 있다
무지하다

보고 있으면서 보려하지 않는 사람이 있다
냉혹하다

보고 있는데도 안 보는 사람이 있다
교활하다

보이고 있는데도 안 보이는 사람이 있다
우둔하다

보이고 있는데도 보려하지 않는 사람이 있다
거만하다

없　음

나는 여기에 없다
거기에도 없다

　(시 속의 「나」는)

어디에 있는가
어디에도 없다

　(내가 아니다)

나는 없다
있는 것은 없는 나

　(나는 본시 없는 것이니까)

떠있는
떠돌고 있는 벗겨진 껍질

단지 그것일 뿐

    (만약 쓰지 않고도 되는 일이라면)
    (아무 것도 안 쓰는게 낫다)

나는 없다
나는 없는거다

죽음의 신

죽기 전에 애비가 말했다
내사 이제 슬슬 죽어도 좋겠다고

병이 그런 말을 하게 했는지
안심이 그런 말을 하게 했는지
아무튼 애비는 그렇게 말했다

그것을 말하면 끝장이다
그때 죽음의 신이 사람에 늘어 붙는다
그것을 말하면 꼭 죽는다
그래서 나는 그것을 말하지 않는다

만사가 싫어진다
기분 잡치게 하는 벌레에 둘러싸여
어두운 우울 밑창에 가라앉는다
그때 약한 마음이 스며든다
나도 슬슬 죽을 때가 됐는가고

그것을 말하면 끝장이다
나는 결코 입에 담지 않겠다고
굳게 결심을 하고 있지만
나도 죽을 때가 되었는가고
가끔 생각할 때가 있다

행복론

숱한 궂은 일이 겹쳐져 생겨난다
(인생에는 그런 일이 있다)
그러자 다음에는 얼마 있다가
언젠가 반드시 좋은 일이 찾아 든다
(이것은 보통 인생이라는 것이다)

한가지 궂은 일이
이럭저럭 견디고 지나버려도
곧 잇달아 좋은 일이 찾아 든다고는 할 수 없는데

하지만 언젠가 갑자기
조그만 좋은 일이
저쪽에서 웃는 낯으로 찾아든다

행복이란
그 조그만 좋은 일을

소중히 여기는 일이다
귀중한 것으로 여기는 일이다
사소한 행복을 즐길 수 있는 일이다

사소한 행복과 그득한 불행
그것이 거의 모든 사람의 인생이다

붙어 있는 사람 붙어 있지 않는 사람
붙어 있을 때 붙어 있지 않을 때
인생은 갖가지지만
그때 그때의 체념도 또한 중요하다

살아 있다는 것도

조그만 좋은 일 조그만 행복
불쑥 그것은 언제나 찾아든다

시   인

이 세상에는 반드시 있는 거다
세계 어딘가에
남이나 이웃의 행복을 지탱하는 일에 헌신하고
자랑하지 않고 쓰지 않고
무명으로 일관하고
아름답게 살아가는 사람들이
지상의 소금이라고 불러도 좋을 사람들이

아아 나에게는 이미
그런 삶의 방식을 할 수 없다

이 세상에는 어딘가에 있는 거다
칭찬 받아도 좋은 것을
칭찬 받는 일 따윈 생각지도 않고
고고히 살아가는 사람들이

온세계 여기저기에
틀림없이 있는거다
남의 불행을 자신의 불행으로 여기고
시인이란 이름을 갖지 않고
쓰는 일을 한번도 하지 않는 시인들이

Ⅱ

고 개 1

소년시절의 나는 고갯길을 올라갔었다
고갯마루에서 산길이 끊어지면
나는 저녁 어스름 속에 솟아 있는
한 그루 삼목(杉木)을 기어올랐다
두 가닥의 굵직한 가장이에 걸터앉으면
계곡 저쪽 언덕에
소나무 숲이 있고
소나무 숲 사이를
지금 저녁 해가 커다란 붉은 구슬이 되어
장엄하게 가라앉는 것이 보였다
소년시절의 나는 조그만 연을
품속에서 꺼냈다
　(연은 전국시대의 장수 얼굴이 그려져 있었다)
보라빛 냉기가 골짜기에 깊이 스며들어갈 무렵
소년시절의 나는 하늘 높이 연을 띄웠다
갑자기 연줄이 뚝 끊어졌다
나의 마음 속에서 뚝하고 줄이 끊어졌다

고 개

고갯마루에서
소년은 노래하고 있다
남해의 빨갛게 익은 과일처럼
기우는 저녁 해를 향해
초조하게 노래하고 있다

- 내 마음 속을 빠져나가
  곳으로 달려간 것은
  저건 무엇?
  저건 무엇?

지금도 나는 가끔 듣는다
짓궂은 사람과 다투고
무거운 머리를 껴안고
지쳐 집에 돌아오면
「과거」의 문이 꽝 닫치고
멀리 바람 타고 들려 온다
절실하게…… 띄엄띄엄……

- 내 마음 속을 빠져나가
  곳으로 달려간 것은
  저건 무엇?
  바람?
  산울림?
  아니면 무엇?

소년처럼

푸른 하늘이 멀다
어린 소녀들이 멀다
볼때기 빛이 아름답다
눈물이 글썽
언제나 혼자인 소녀를 또 만났다
그 애는 학생들의 하나인데
나는 눈이 부시어
아무 말도 못한다
웃음 지으며 헤어진다

나에게는
무슨 욕망이 있는 게 아니다
푸른 하늘이 멀고
어린
아름다운 소녀가 멀다

                    *

소녀들을 사랑하고 싶다
사랑하고 있다
둘러싸이면
나는 아무 말도 못한다
소녀들은 와락 웃으며
'너무 선생님을 놀리면 못써'
한다

기차 속에서
나는 주위 사람들이 웃고 있는 것을 안다
나는 틀림없이 볼이 붉어져 있을 것이다
손댈 수 없는 소녀들이 아닌데도
나는 어김없이 말을 더듬는다

발　견

손을 버릴려고 했더니
손이 없었다

발을 버릴려고 했더니
발도 없었다

무엇을 버릴까고 둘러보았으나
둘러보고 있는 당사자
즉 내가 없으니 말이 안된다

하지만 소리만은 있었다
이것만은 버릴 수가 없다
버리는 것을 그만두었더니
소리는 새처럼 날아가버렸다

그림자

아침
무엇인가가
나의 의식의 희미하게 밝은 데서
살짝 빠져나간다

낮에 나는 앉아 있다
도서관 안쪽 한 방에
자살한 어느 시인이 남긴 글씨
침묵의 글씨를 읽고 있다

비오는 날

문득 수수한 헌 벽에서
그림자가 천천히 몸을 일으켜
나의 의식의 어둠에
그것은 살짝 들어온다

어떤 사내

그 사내와는
졸업하고나서 일 년만에
러쉬 아워에서 만났다
먼지 나는 골목을 빠져나간 가게에서
사내는 러시아 요리를 한턱 냈다
담배에 불을 붙이고
15세 연상의 결혼한 여자라고 했다
그렇게 말하고는 사내는
스푼을 쟁가당하고
접시 모퉁이를 치며 놓았다

오늘 또 그 사내를 보았다
늙은 티가 나는 여자와
사내는 한 우산 속에 있었다
지친 장마가
그 우산을 두들기고 있었다

늦가을

가을도 깊어지면
공기가 점차 맑아진다
늦가을
개인 날도 저물어
짙푸른 하늘에
녹색 나무숲이 비치게 되면
붉고 푸르고 누우런 계절의 과일이
물빛 유리접시 위에
소녀의 부끄럼처럼 조심스레 미소짓는다

그런 날이다
하이얀 길을 멀리까지
나의 휘파람이 닿는 것은
소녀들의 작은 입술에
버찌 같은 시가 떠오르는 것은

겨 울 I

방문한 그 사람 집은
대숲 속에 있었다
자꾸 소리를 질렀으나
여름날의 풍령(風鈴)이
쟁가당 쟁가당 울릴 뿐

돌아다 보니
연못에는 살얼음이 깔리고
구름은 북으로 북으로 날아가고 있었다

겨 울 Ⅱ

냉기가 고요와 더불어 닥쳐왔다
코트가 사람들의 추위를 알리고
희끄무레한 보이지 않는 흐름이
마음을 무겁게 한다
안개를 들이마신 듯이

겨울
마음 속의 등불이 반짝이는
태양 광선에서
부드러운 온기를 방사하는
난로의 불꽃으로 변하고
거리마다 목소리가 잦아드는 계절
구슬픈 실 같은 비를
북국의 숲 속에 스머드는 안개 같은
겨울이 가지고 왔다
「고요는 어쩐지 비와 같다」

릴케의 시가
지금 내 마음에 조용히 들어선다

저녁 무렵에는

거리에 저녁이 다가올 무렵에는
언덕을 내려갈 일이다
덜커덩거리는 전차를 타고
붉게 물든 서녘 하늘을 바라보면서

나무숲 사이나
전봇대 사이를 지나갈 일이다
거리에는 누우런 전등이 켜지고
일터에서 돌아오는 아가씨들이
머리에 손을 대고 매무새를 고치면서
서둘러 돌아오는 것과 마주치겠지
앞치마를 걸친 젊은 엄마의 부름 소리에
아이들이 손을 씻으러 돌아가는 것도
그 무렵이다
무성한 나무 아래 그림자에도 어둠이 다가와
몸을 바싹 기댄 연인들의 그림자가
검게 보이는 것도

그리고
그것이 한결 절실하게 보이는 것도
저녁 무렵이다

그러는 사이
거리에 켜진 누우런 전등 불빛이
이상하게 슬퍼지지 않으면
다시금 언덕을 올라 집으로 돌아가자
스탠드를 켜고
저녁의 거리를 시로 쓰자

베낀 그림 같이

그때 눈 앞의
녹색 나무숲을 가로질러
하르르 떨어진 것이 있었다
연못가에서 그림을 그리고 있었다
소녀가 그린 한 장의 그림이다
그것은 물 위를
흔들흔들 흔들리고 있는 사이에
  (아 그렇다)
어느 사이엔가 그림 속에서
소녀가 그린 풍경이 벗겨져 떨어져서
물 위에
베낀 그림 같이
선명하게 찍혀졌던 것이다

  (그래서 나는
  느닷없이 미소짓고 말았다

소녀는 영문을 모른 채
눈물마저 글썽이고 있었는데―)
그런데 말이다
그 사이에
그림 속에서 벗겨져 떨어진 풍경이
나의 울렁이는 가슴 속에
하나의 액틀을 끼워놓자
지체없이 그 속에 들어가 박혔다

탑

소년은 믿고 있다
산 속 오두막집 창을 통해
아득히 이어진 산들의 봉우리 저쪽
뭉게구름이 솟아나는 산 속 시냇물을 건너
인적 없는 호수가의 길을 지나면 그 끝에
높고 높은 흰 탑이 서 있다-고

어김없이 잠든 나라 안에서는
소년은 탑에 이른 것이다
탑 꼭대기에서 내려다 본 경치의 아름다움
남국의 불타는 듯한 다채로운 꽃밭
북국의 번쩍번쩍 빛나는 나무얼음의 숲
어느날 소년은 어버이가 출타하자
오두막을 빠져나와 떠났다
길가에는 낯익은 꽃들이 소년을 유인하고

5월의 싱싱한 나뭇가지는 참새떼로 무거워
소년의 발도 가볍고

휘파람이라도 불고 싶어진다

해가 서쪽에 기울어도
소년은 기운차게 걸었다
소년은 꿈꾸고 있었기 때문에 가슴을 펴고
저 높은 탑의 휑한 계단을
터벅터벅 올라가는 자신의 모습을

고개를 세 개 넘었을 때
해는 산자락에서 불타버렸다
탑의 이미지도 무너져버리고
단지 하이얀 슬픔 뿐
소년의 마음에 아프게 스며들었다

*

소년들은 오늘도
흰 탑에 가다가 지쳐
해질녘 거리로 돌아온다

예전의 소년시절의 나처럼 터벅터벅
하지만 나는 알고 있다
다른 또 새로운 소년들이
저마다 자신의 흰 탑을 찾는 나들이에
한번은 반드시 나서며
고개에서 해가 저물어
비로소 인생의 슬픔을 알게 된다고
그리고 슬픔의 고개에 견디어
거기에서 태어나는 새로운 자신에 눈뜰 때
그 소년들은
비로소 인생의 참다운 엄격함과
인생을 아름답게 꾸려가는 옳바른 힘과를
믿을 수가 있게 된다고

Ⅲ

마음 속 한 권의 책

나의 마음 속에
한 권의 책을 갖고 있다
표지도 목차도 판권도 없는 책이다

고민의 벽에 부딪칠 때
나는 언제나 그 책을 펼친다
그 책을 바라보면서 생각한다

얼마간의 시간이 지나고 나서
그 책은 나의 마음에
안정과 상냥함과 위로를 가져다준다

그 책에 글씨는 없지만
그때그때 내 마음의 상태에 따라서
거기에는 안보이는 글씨가 나타나고
나를 향해 말을 건네온다

지혜로 불리우고
먼 마음의 내부에서
닦여진 거울처럼 빛나고 있다
한 권의 책

그 마음 속의 한 권의 책을
나는 살짝 들여다보고
조용히 사는 힘을 돌이킨다

병

나는 오랫동안 병을 두려워하고 있었다
그러나 의사한테 보일려고는 하지 않았다
병을 선고받는 것이 두려웠기 때문이다
하지만 지금은 분명히 병인줄 알기 때문에
오랫동안 기다리던 것이 찾아왔다는
어쩐지 한숨을 쉬는 안도감마저 든다
위에 둥지를 튼 궤양이라든가
고혈압 치통 불면증 심장병이
친한 동반자 같은 느낌마저 든다
그것들과 익숙해져서 지낼 수 있을 것 같다

기   대

나는 그물을 치고 기다리고 있다
땅에 떨어지는 일체의 것을
무거운 운석의 파편을
흰구름의 조각을

나는 손으로 건져 바라보려고 하면
사라져버린다
부재(不在)만이 손바닥에 남는다
꽉 잡은 것은 더욱 더 헛되다

구원 그것은 부재가 아닌 존재
기쁨 그것은 확실한 존재
나는 기다리고 있다 그물을 치고

이번에야말로 확실한 존재를 잡으려고
그리고 나는 믿고 있다
반드시 그것은 실현된다고

큰 비를 기다린다

당장에 올듯하면서도 오지 않는 날이 오늘까지 사흘째 계속되고 있다 도망쳐서 남의 아내가 된 여자와 매일 얼굴을 맞대고 있는 것 같은 답답함

방을 챙기자 여자한테서 온 편지 다발이 눈에 띈다 문득 구역질 비슷한 노곤함에 사로잡힌다

다다미 가장자리의 먼지까지 후벼서 청소를 한다 한겨울인데도 땀이 나서 피로가 심하다 침대 밑에 마른 파리 시체가 뒹굴고 있다

가벼운 기침

축제의 거리처럼 법석대는 슬픔을 짊어지고 온 사내의 엷은 이미지를 뒤쫓는다

기다린다

큰 비를 기다린다

고　독

창백한 얼굴을 한 나의 애인은
웃지 않을 때는 언제나 울고 있다
피가 발쪽으로 내려오기 때문에
피로가 그녀를 창백하게 만든다

나를 만나러 올 때도
그녀의 볼에는 언제나 눈물자국이 있다
재빨리 발견하면
나의 애인은
젊은 아가씨답게 웃지만
그 부끄러움에도 눈물자국이 스며 있다

내가 키스한 자국만이
그녀 가운데서 제일 선명한 빛깔
거기만이 핏빛이 된다
실제로 거기는 참고 있는 오열의 빛

거기만이 고독한 우리들의
세계로 이어지는 한가닥 혈관
세계 속의 피에 이어지는 혈관

나의 애인은 언제나 창백하다
내가 잠자코 있으면 그녀는 더욱 창백해지고
어느 사이엔가 나도 창백해지고
모두가 잠자코 있으면
세상은 더욱 창백해진다

만   추

가을도 깊어지면
공기가 점차 맑아진다
만추
개인 날도 저물기 시작하고
감청빛 하늘에 녹색 나무가 얼비치면
붉고 푸르고 노란 계절의 과일이
물빛 새 유리판 위에
소녀의 수치처럼 겸손하게 미소 짓는다

그런 날이면
하이얀 길을 멀리까지
나의 휘파람이 미치는 것을
소녀들의 작은 입술에
버찌처럼 시가 떠오르는 것을

장   미

슬픔 속에 꽃 피다
… 한 떨기 장미

붉은 꽃 잎처럼 입술 사이에서
새어 나온 한 숨의 무지개
불타오르는 사랑의 불길-
선광이 찰나의 기쁨을 눈 밑에 남게 한다

나는 문짝을 열고
너를 가슴 그득 보듬는다

그때 슬픔 속에 꽃 피다
… 한 떨기 장미

마음의 거리

마음의 거리에 해가 저물고
옛 이야기 속의 잡목림(雜木林)에
저녁 어스름이 살짝 다가들면
나는 무엇을 노래하면 좋을까?

그림자 세계의 집집마다
네모난 창에 등불이 켜지고
차가운 안개가 뺨을 적시러 오면
나는 무엇을 생각하면 좋을까?

손 바닥안의 푸른 수첩을 살짝 펼치고
흰 페이지에
추억의 상냥한 꿈을 읽으면 좋을까
밤의 보석이 노래하는 위로의 음악을
들으면 좋을까?

자살 미수

수면제를 마신 순간
하품이 나고
눈물이 나왔다
슬프지도 않은데
무슨 동기가 있겠지
「우양 우!」
배속장교가 호령하고 있다.
오른쪽을 향하느라 했는데
나 혼자 왼쪽을 향해
야단을 맞고 있다
맨발임으로
교정의 자갈이 지겹에 아프다
어쩐지 셈이 틀린 모양이다
그런 줄 알았을 때
잠에서 깨어났다

이번만은 잘 해야지

뛰어든 찰나
레일이 공중에 떠오르고
흰 빛이 눈을 찔렀다
수레바퀴 소리가 사라지고
깔려 죽는데 성공?
병원에서 또 꿈을 꾸었다
어쩐지 어둠의 동굴을
푸른 등을 달고 달리고 있었다
마차 방울이 달랑 달랑 달랑 달랑
단조롭게 귓가에서 울리고 있다
여기는 어디?
「노 맨즈 렌드」
누군가가 코앞에서 대꾸했다
어디까지 가도 어둠의 벽이다

살아있는 편이 낫다
문득 그런 생각이 들었다

어두운 鎭魂歌

사람은 언제나 돌아온다
우수의 돌덩이를 마음 속에 헤아리면서
마치 상처난 왕자처럼

사람은 언제나 돌아온다
얼얼한 새벽의 향기를
액틀 같은 하루 일을 다하고 나서

잔등에 남몰래 그림자가 업히고
보이잖는 실이 그 발을 끌어
세계와의 먼 거리를 생각하면서
사람은 언제나 돌아온다
기우는 등불의
영원히 쓸쓸한 굳은 나무 침대에
시시각각 다가오는 죽음의 싸늘한 난로에
  - 그것은 정해진 의식(儀式)처럼

IV

먼 데서

먼 데서
상냥하게 보고 있으면
먼 데
너의 모습이 불쑥 보인다
새침하거나 유순하거나
나를 괴롭히는가 싶더니
그걸로 자신도 괴로워하고—
그게 그렇게 깨끗해지는지
불쑥 저쪽에
나를 향해 미소짓는 너의
깨끗한 시간이 멈춰 있다

거절당한 사랑

거절당한 사랑은
어디를 향해 헤맬까?

영혼의 구렁텅이일까? 나의 내부의
어딘가 어두운 공간에 떨어져 가고

눈 먼 별 하나
중천에

아아 멀다

사랑한다

이제 네게 무슨 할 말이 있으랴
그리고 너도 내게
주섬주섬 말할 필요가
어디 있을까

전에는 괴롬과 슬픔을
　　(그리고 약간의 불안과 오해도)
우리들에게 가져온 헛된 말
말은 이제 더 필요없게 되었다

우리들은 이제 입 밖으로
아무 말도 안하리라 그렇더라도
우리들은 같은 한가지 생각으로 살아가리라
숨겨진 마음과 마음의 공감에
우리들은 살아가는 것을 안 이상
입 밖으로 아무말도 하지 않으리라

어느날 문득

무엇이 우스운지
소녀들은
숨을 몰아쉬며
킥킥 웃었다

모두가 교문을 나간 후여서
나도 웃었다
잠자코 웃지 않는 한 애가
마음에 걸렸다

*

멀리서 보고 있자니
손수건을 강에 띄우고
흥겨워하는 소녀들이었다
푸른 하늘에 모자를 던지고
사랑을 점친 소년 시절을
문득 생각했다

산길의 소녀는……

산길의 소녀는 순진했다
무거운 짐을 지고
일정한 발걸음으로 묵묵히 걸었다
돌아오는 버스 속에서
소녀는
햇볕에 붉어진 뺨과
피로에 젖은 상냥한 눈동자를 들었다
아픈 듯한 청순한 생각에 자극되어
나는 그때 소녀를 사랑했다
거리에서 보는
자신이 없는 듯한 눈길과
초조한 듯이
집에서 어머니를 난처하게 만드는 어리광은
산길의 소녀에게는 없다
그것들을 어디다 버렸을까
소녀는 순진하고 아름답게
산길에서 비로소 사랑에 불탔다

여   자

태어난 지 얼마 안되는 애기인데
그 여자는
살갗은 살갗 뼈는 뼈 살은 살
이는 이 머리칼은 머리칼로
갓난애를 흩어놓고 싶어한다

여자는 물건을 찾고 있다
고대의 연금술사처럼
엄숙한 표정으로
흑판에 화학방정식을 써재끼고
가끔 고개를 갸웃거려
빙긋이 웃기도 한다
어떻게 분해하면 물건이 찾아질까

각부분으로 분해하고
또 조립하면서

여자는 이 끝없는 경영을 되풀이 한다
태어난 지 얼마 안되는
갓난 애기를 가지고

저 아름다운 볼을

저 아름다운
장미빛으로 물든 볼을
뭣에 비유할까
내부에서 비치는 빛이
표면에 얼비치듯이
저 아름다운 분홍빛 볼을
나는 뭣에 비유할까

*

코 언저리 일대에
다갈색 주근깨 투성이 애였다
그 주근깨가
기묘하게 가련해 보이는 애였다
그 애가
자전거를 몰고 지나가면

<봄>이
바람에 나부끼는 보드라운 머리 위에 와서
냉큼 올라타는 것이었다
그런 소녀였다

축　복

눈시울을 적시며
부끄러워 하며
소녀는 어른이 되려고 한다
가슴 속에서 부풀어
조금 벌어지려는 것이 있지만
하이얀 천사 같은 엄한 마음을 지니려 한다

안개 속에서 꿈꾸는 것은 좋은 일이다
엷은 꽃향 속에 잠들고
새벽에 깨어나
살갗에 스미는 한기를 아는 것도 좋은 일이다

소녀는 지금
아침노을의 하늘을 향해
활기 있게 날아오른다

그 웃는 얼굴이……

- 졸업하는 소녀에게

언제나 교실에서 웃고 있었지
그 웃는 얼굴이 즐거워서
한해동안
그 웃는 얼굴이 즐거워서
그 웃는 얼굴이 나의 내부에서
몇 겹의 층이 되어 겹쳐서
지금도
지금으로부터 일년 앞도
지금으로부터 이년 앞 삼년 앞도
줄곧 너의 웃는 얼굴이
즐거워 (얼마간은 슬프게)
웃고 있겠지

그러는 사이 너는 어른이 되어
꽤 새침데기 얼굴을 하고
작고 귀엽게 오무라진 입을 하고

호호호 웃게 되었을 때도
나의 내부에서는
언제까지나
어린 시절의 너답게
어린 시절의 얼굴 그대로
너는 웃고 있겠지

헤어지는 게 좀 서글프네요

마음이 이곳에 없는 여자를

마음이 이곳에 없는 여자를
아무리 꽉 보듬어 본들
그것이 무슨 소용이 있으랴
쓸쓸함을
절실히 맛볼 뿐 아닌가
시체 같은 속이 빈 여자가
헛된 미소를 지은들
더욱 절실히 허전할 뿐 아닌가
그 여자만을
불타는 마음으로 생각한 나날이
더욱 쓸쓸하게 추억된다
마음이 이곳에 없는 여자의
쓸쓸한 마음을 위로하기 위해
개처럼 곁에 있어주는 쓸쓸함이여

밤이 이슥해서

어찌 아름답지 않으랴 너의 하찮은 미소
어찌 진실하지 않으랴 너의 사소한 주저
내 가슴에 충만해 오는 슬픔의 파도
흩어지는 물굽이
물보라를 맞으며
나는 마음 속에 너를 보듬는다

갸륵하리만치 너의 절실함 너의 말
만난다는 단지 그것 뿐인데 그것이
어찌하여 이런 깊은 뜻을 지니랴
언제 그런 뜻이 마련되었으랴
우리들 마음 속에

하지만 기쁘구나 단지 네가
너의 모든 것이 그립구나 믿음직하게
밤이 이슥해서 보라빛 바람이
상처를 과일처럼 영글게 한다

실망의 한숨만을 말하고 있었다 너의 편지
결코 말하지는 않았다 사랑한다고
그런데 너는 귀엽고 기특하다 그런데 너는……

V

밤의 소리

밤
내 안에 무수한 소리가 산다
너 안에도 무수한 소리가 산다
  (단지 너는 그것을 모를 뿐이다)

숱한 소리가 귓가에 와서
달가닥 달가닥 뼈를 두들긴다
  (사람은 그렇게 해서 가위눌린다)

뼈는 그때 땅 속 깊이 묻히고
인광(燐光)을 띤 천의 뼈이다
이를 가는 만의 뼈이다
그때 뼈는
전쟁과 비참의 세계의 망령의 뼈이다

숱한 소리가 모여서

밤
내 안에서 너의 안에서
숱한 뼈를 두들긴다

어느 사이엔가 나도 창백해지고
모두가 잠자코 있으면
세상은 더욱 창백해진다

시인들 1

시인이 되려는 벗이여
만약에 자네가 시를 믿고 있다면
시인들을 믿지 말게

시인이란 거짓말이다
시의 장사치들이
거짓 이름을 풍선처럼 부풀리는
발가숭이 임금이란
시인을 두고 하는 말이다

인간의 불행에 괴로워하며
더이상 참을 수 없는 생각으로
시를 쓰는 사람들을
저 녀석들의 시는 비예술적이다
예술가의 시인으로서 안이함이라고
큰 소리 쳐주는 게 좋다

그리고 마음의 상처와는 무관하게
예술적인 시를 쓸 일이다
<에크리쥬르의 저쪽에> 따위의 기획에
잘 편승한 시를 계속 쓸 일이다

그리고
30년 40년 쓰노라면
자네는 틀림없이 예술원회원이다
시사(詩史)에 남는 유명시인이다

시인들 2

정치에 관여하지 말게
반전·반핵 따위 말하지 말게
남의 불행을 보지 말게
악을 보고도 화내지 말게
눈길을 돌리던가
보고도 못본 체 하게
언어만의 세계에 머리를 묻고
시를 쓰게

시를 믿는 것은 슬프도록 옳바른 일이지만
만약에 자네가 시를 믿고 있다면
자기 안의 시인을 죽이게
자기 안의 시인을 죽이고
자기 안의 시를 살리게

시의 장사치를 칭찬하는 시인들에게
불신의 화살을 쏘는 도리밖에

시의 살 길은 없네
자네 시의 살길은 없다고 각오하게

시인들 4

시인 따위 일없네
시를 쓰는 사람이 있는 것으로 충분해

시인이란 이름이 시를 낳는 게 아니다
시인이란 이름이 만들고 있는 시란
대수로운 게 아니다
오 이 어긋난 데카당스

시인에게는 신념이란 게 없다
풍향기 닭일뿐
바람부는 대로

특히 시단에 윙크하는 젊은 시인들이 그렇다
풍향기 닭의 시에는 시심이 없다

시심이 있는 시인이 얼마나 될까
시심을 지닌 시를 쓰는 사람이 있는 것만으로도
충분하다

시인들 8

시인들은 자존심의 덩어리다
정말을 말하면 화를 낸다
칭찬하지 않으면 불만스러워한다
비판하면 원망을 간직한다
그러면서도 배은망덕한다
스타가 된 시인은
절로 유명해진 것으로 생각하고 있다

시인들은 근성이 나쁘다
신사적인 겉보기에
추잡한 마음을 숨기고 있다
언제 어디서 함정에 빠질지 모른다

물론 그런 시인 뿐만이 아니다
예의 바르고
선의에 가득찬 사람들도 있다

그런 사람들의 시만이 진실이다
그런 사람들과 이야기를 나누면 된다
그런 사람들의 말에 귀를 기울이면 된다

시인들 9

시인 가운데도
못된 놈도 있고
좋은 사람도 있다
교활한 놈도 있고
인간적인 마음의 소유자도 있다
지기 싫어하는 놈도 있고
호인도 있다
이곳도 보통 세태와 마찬가지

이곳도 역시 속세이다
지겨운 녀석도 있고
마음 상냥한 사람도 있고
속물도 있고
똑똑한 사람도 있다

시인의 비밀

시인은 누구나 그 시 속에
아름다운 비밀을 살짝 숨겨놓고 있다

그 비밀을 언뜻 독자는 알아채지 못한다
시인 자신도 그것을 분명히 나타내지 않는다

하지만 시인이 시를 쓰는 이유의 하나는
그 비밀을 숨기면서 후세에 남기는 데 있다

아름다운 그 비밀을 영원히 묻힌 채 놔두는 것은
아쉽고 쓸쓸하기 때문이다

어느날엔가 어떤 독자가 그 비밀을 알겠지
그 비밀을 반드시 알려고 하겠지

그때 시인은 벌써 죽어 있고
저승에서 만족스레 미소짓고 있겠지

시인의 생애

돈을 벌어서
호화판 또는 괜찮은 시집을 한 권 만들어
유명 무명의 시인들에게 보내고
인사장이 오기도 하고 안오기도 하고
어쩌다 대단히 칭찬하는 소릴 들으면
기뻐서 한밤내 잠자지 못한다든지
친구들이 출판기념회를 하자고 해서
(개중에는 자기가 계획하는 자도 있어서)
그래서 한때 바쁜 나날이 지나고
모임 석상에서는
칭찬을 듣거나 격려 되거나
약간 꼴불견이 되거나 하며
그걸로 끝나고
또 아무 일도 없는 날이 지나고
혹은 시집을 낸 것이 인연이 되어
다른 동인잡지에서 불러내고
시인끼리의 접촉이 늘기도 하고 안늘기도 하고

그런 되풀이
어느 사이엔가 인생의 끝이 다가와
손에 남아 있는 서너, 너댓 권의 시집과
이류나 삼류의 시인 이름
그것이 이 일본에서의 평균적인 시인의 운명
그런 자신의 생애를 꿰뚫어본 자만이
젊어서 시인이 되라고 스스로에게 다짐할
자격을 갖는다
그렇지 않으면
애당초 시인이 되려고 생각지 말아야 한다

안녕 미쇼오

미쇼오는
젊은 시절부터 심장을 앓고 있었다
죽기 전 해
내가 미쇼오를 방문했을 때도
올 여름은 심장 형편이 좋지 않았다고 말했다
그리고 드디어
심장발작으로 죽어버렸지만
일본에서 사인병명으로 말하면
<心不全>이라는 것이지

미쇼오는
꽤 심술장이니까
죽어서도 극락에는 못갔을 것이다
지옥에 가서
마음 맞는 자들을 상대로
서구문명에 대한 비판을 가한다든지

손에 든 화필을 움직이는 대로

그로테스크한 괴물이나
이그러진 사람의 얼굴 따위를
그리고 있을 것이다
36년 전에
화상으로 죽은 아내 마리 루이스와는
지옥에서는 만날 수 없을테니까
극락에의 산책이라고 멋을 내며
이집트 여행의 추억 따위를
둘이서 이야기하고 있을까

나도 요즘
이따금 심장 형편이 이상하다
미쇼오의 병이 옮았는가
나의 평생은
아니 생애의 거의는 미쇼오여

당신의 작품과 더불어 있어서
옮을 리 없는 심장병이 옮아도 당연한가

당신의 경우를 생각해서
나는 호흡이 곤란해졌다

하지만
나는 아직 당분간 죽지 않는다
당신이 남긴 작품을 악착 같이
남김 없이 일본말로 옮겨버릴 때까지는
여기에는 얼마간의 근성도 있다
반드시 할께요 미쇼오님
지옥에서 그걸 지켜봐주세요

그럼 안녕
*안녕 미쇼오
그럼 또 하는 것은 이상하군요

당신은 죽어버려
이제 이 세상에 없으니까

㈜ 미쇼오 「대체 너는, 너는 언제 올 것인가」에서

유   언

말하고 싶어도
말할 수 없는 게 많다

그것들을 지니고 지닌 채로
이대로 나는 죽어가는가

말하고 싶어도
말할 수 없는 게 많다

(말하기에 알맞는 자리가 내겐 없다)

그래서 나는 마음 속에서
아무에게도 말하지 않고 말을 만든다
외톨이로 말을 만든다

누에가 실을 짜듯이
다만 묵묵히 짜듯이

남몰래 마음 속에 고치를 남기고
말의 고치를 사후에 남기고

술꾼의 시

술꾼은
술에 먹히는 녀석은
마음 속에 구멍이 뚫린 녀석이다

입 안이 아니라
위 속이 아니라
그 구멍 속에
술꾼은 술을 붓는다

이 구멍은 좀처럼 채워지지 않는다
술이 들어가면
이 구멍은 으앙하고 울며
때로는 야릇한 생각에
찡한 서글픈 노래를 부른다

술꾼은 슬프다
마음 속에 구멍을 지닌 자는 슬프다

아아 진정
상냥함을 보듬고 상처를 견디며
마음 속의 구멍에 술을 붓는 술꾼은
바보스럽게도 슬픈 녀석이다

VI

출   항

—K에게

텅 빈 화랑에
<출항>이란 제목의 그림 한 장이 걸려 있었다

그림 속의
새벽빛 바다에 나가는
어선들의 돛대에는
거무틱틱한 기가 표표히 나부끼고 있었다

　　햇볕은 화랑 속을
　　동에서 서로 지나갔다

드디어
그늘이 그림 구석구석에
언제라 할 것 없이 다가와
복도에 어둠이 깔리면
그림 속의 어선들이
수평선에 등불을 켜들고 돌아온다

보라 들리지 않는가
저 노를 젓는 소리가
귀 귀울이면—
자 들리지
대어(大漁)를 알리는
저 힘찬 사내들의 노래 소리가
저것 봐 벌써 바닷가에 닿아
복도의 어둠 속은
어부들의 소음으로 그득하다

희미해가는 기억

기억은 희미해 간다
눈에 새겨 놓았다고 믿었던 광경도
결코 잊을 리 없다고 생각한 사람들과의 만남도
그리고 남은 것은 걷잡지 못한
흔들리는 생각의 잔물결 뿐

고원(高原)의 호수가에 무리져 자란 갈대밭
숲 사이에서 바라다보이는 한 척의 보트
안개가 점차 짙어져 간다
사라져 가는 두 사람의 그림자
한 사람은 나인가
이미 아득히 먼 옛날의

늦가을의 조용한 잡나무 숲
이름 모를 고사(古寺) 한모퉁이의
붉은 옷 입은 코가 떨어진 수자지장(水子地藏)
그 곁에 피는 노오란 들꽃의

불안한 가련함이여
눈을 내리뜨고 이야기하는 두 사람의
한 사람은 나인가
10년 전의

울울히 짙게 솟아나는 슬픔
가라앉아 싸늘해지는 이 마음
처치 곤란한 이 흰 시간이여
과거의 헛됨
지금의 헛됨

퇴색함 세피아빛 사진처럼
기억은 희미해 간다
옛날은 지금에 돌아오지 않는다

목 숨

꽃입니다
벌레입니다
몸뚱이입니다

새입니다
꽃입니다
마음입니다

그것들은 모두 목숨입니다

목숨은
어느 것이나
하나입니다

목숨의 고향
지구도 하나

바람이 불고
물이 흐르는 지구 위에
쓸모없는 것은 없습니다

서로서로 받쳐주고 있는 겁니다

보이지 않는 손을 내밀고 소리를 내고
서로서로 받쳐주고 있는 겁니다

어느 것도 하나이고
어느 것에도 하나
모두가 소중한 목숨입니다

언제부터인가

언제부터인가
나에게는 분별이 없게 되었다
꿈에 본 일
현실에 있었던 일

저것은 확실히 있었던 일
하지만 현실에는 있을 수 없는
아무리 생각해봐도 있을 수 없는

그렇다면 저것은 꿈 속의 일인가

희미한 기억이지만
확실한 기억
불쾌한 일도
즐거운 일도

앙금처럼 남아 있다
걸려 있다
멀리에 희게 분명하지 않게
이것 저것으로

닫힌 마음은…

한번 닫힌 마음은 열리지 않으리
저쪽 기슭에 밀려가다 지치고

다시금 돌아온 너의 눈동자가
아무리 뜨겁게 불탄들

냉정히 바라보는 너의 눈에
나의 마음은 얼듯
오히려 노여움에 나를 때리라고
아무리 억세게 호소한들

아득한 추억에 햇살이 희미하게
장난삼아 정강이를 받치던 날은 멀어
한번 닫힌 마음은 열리지 않으리

날아가버리는 흰 나비
무너져버린 사랑의 동굴에
바삭바삭 찬바람이 지나가네

작은 새가 모이를 쪼듯이

작은 새가 모이를 쪼듯이
나는 언어를 쪼아서
마음의 굶주림을 채운다
나는 늘 굶주려 있다

장작으로 온기를 취하듯이
나는 언어로 불을 때고
마음의 굶주림을 막는다
나는 언제나 얼어 있다

언어가 내게서 사라지는 것은
굶주림과 어는 것이 멀어지고
조용히 잠이 오는 그날

훤히 꿈의 아픔이 몸에 스미어
상냥한 새벽이 다가와서
그날, 그날은 죽음이 오는 날

감　　회

지금까지
오랫동안 남의 시에 대해서만 써 왔기 때문에
남의 시에 대해서 쓰는 것이 싫어졌다
그것으로 무엇을 보상받았다는 걸까
그것으로 일본의 시가 얼마나 좋아졌다는 걸까
바라고 있었던 것과 결과와의 어긋남

절실히 불모(不毛)하다고 여긴다
평가를 받고 당연하다고 가슴을 펴는 저명시인들
허명(虛名)에 동경하는 젊은 시인들

하지만 남의 시를 읽는 것은 좋다
좋은 시를 만나면
그것이 드물기 때문에 마음이 뛴다

좋은 시는 좋다
그걸로 충분하지 않은가
남의 시에 대해서 쓰는 것은 싫어졌다

그것이 끝날 때

그것이 끝날 때
나는 잃어버린 것의 크기를 알겠지

잃어버린 것
그것은 사람이 아니다
물건이다
나 자신 속에 불타고 있는 불이다
괴로워하면서 불타고 있는 불이다

모든 것이 끝날 때
불은 꺼진다
그와 함께
괴로움도 사라지겠지
그것과 바꾸어
나는 이제 내가 아니게 된다
잃어버리는 것은
살려는 힘이다

나의 생애

지겨운 것을 너무 많이 보았다
세상 안에서도
세상 밖에서도

슬픈 일만 많이 알아버렸다
나라 안에서도
나라 밖에서도

괴로운 일을 많이 경험했다
집 안에서도
집 밖에서도

진실로 고통스러운 일에 둘러싸여
나의 생애는 괴로움이었다

창을 열자

창을 열자
오랜 겨울 동안 닫힌 채로였다
북향 창을 열어
밝은 빛살이 들어오면
기분을 바꿔
바깥 세상에 눈길을 보내자
눈이 남아 있는 언덕에서 불어오는 바람이
상쾌한 냉기를 날라오겠지
봄은 이제 머지 않아

흙이 내음을 풍기고
물이 향기를 내고
눈 녹이는 기세 좋게 달리는 물소리
숲 속엔 햇살이 비쳐들고
들판의 흙을 뚫고
포오란 풀싹이 돋아
봄 첫번째가 불어오겠지

웅크리고
마음 속만을 들여다보는 것은 그만두자
옛 상처에 언제까지나 집착하는 것은 그만두자

나의 계집

나는 젊었을 때 꽤 계집을 찾고 있었다. 하지만 지금은 다르다.

나는 최근 해질녘의 상쾌한 바람을 자신의 계집으로 삼았다. 곶의 첨단에 선 흰 등대도 극히 최근에 나의 계집이 되었다. 덧붙여 말씀드리면 묘비도 나의 계집이다(그런 점에서는 나는 아주 사치하지 않다).

밤이 다가오면 바람은 나를 큰 젖가슴으로 싸버린다. 등대는 내 마음에 등불을 켠다. 묘비는 내가 곁에 다가가면 몸을 뉘이고 눈을 감는다. 그녀들은 말을 갖지 않는다. 말을 갖지 않을 때 계집은 완전히 더할 나위 없다. 그녀들은 나를 기분좋게 보듬는다.

그렇다. 나의 계집은 어디에나 있다. 내게는 이제 인간의 계집은 필요 없다. 인간의 계집은 나를 피로하게 할 뿐이다. 나의 계집은 어디에나 있다. 나의 성욕은 충분히 만족하고 있다.

어떤 여성에게

무엇 하나 잃어버리지 않고 끝나는 사랑이란 없다
우연한 행복 속에 이미 커다란 상실이 마련돼 있다
잃어버린 것은 행복만이 아니다
그것을 지금 절실히 느낀다
상처 나지 않고 끝나는 사랑이란 없다
아수라의 사랑 사랑의 아수라
사랑이란 은근히 또 나타나 서로 상처내는 일이다
그것이 싫으면 사랑 따위 안하면 된다

깨끗하게 끝나는 사랑 따위는 없다
벌거숭이 육체와 벌거숭이 육체가 보듬는 가운데
벌거숭이 마음과 벌거숭이 마음이 서로 괴로워한다

상대의 마음을 위로하면서 고민한다
사랑은 유희가 아니다

사랑이 끝나는 데서
또 한 가지의 생각이 시작된다

사랑이 많고 행복이 적은 여인이여
그대도 지금 같은 생각을 맛보고 있는가

원한조

사람이 죽는다
사람이 죽는다
마치 비가 오듯이

비가 온다
어두운 비가 온다
마치 사람이 죽듯이

죽어야 할 인간이 죽지 않고
죽지 말아야 할 사람이 차례차례 죽는다

파렴치한 은혜를 모르는 자들이
뻔뻔스럽게 날개를 펼친다

교활한 악당들이
뒷거래를 한다

욕심 많은 부도덕한 자들이
야합한 연극을 한다

녀석들은 죽지 않는다
  (나쁜 녀석일 수록 잘 잔다)

죽어야 할 인간들이 죽지 않고
죽지 말아야 할 사람이 차례차례 죽는다

사람이 죽는다
사람이 죽는다
어두운 비가 오듯이

바   람

바람은 멈춘 것이 아니었다
주저하면서 조용히 뉘우침을
씹으면서 그래도
바람은 멈춘 것이 아니었다

바람은 지금까지 몇 차례나 목표로 삼은
대지를 바다를 또 바위를
태양이 몇 개나 기울고
인간의 피에 불탄 대지를
바다를 또 바위를

보리 이삭에 장난치고
애무를 교환하고
바위와는 심하게 부딪쳤다
거친 입맞춤처럼
쉬는 것도 잠시 필요하다고

자기 마음 속에 속삭이며
그래도 바람은 멈춘 것은 결코 아니었다

하기사 바람은 심히 불려고 하고 있었다
지금이야말로 하늘에 역사에
그 일체의 의미하는 높이에

까부수고 꿰뚫고 또 불어서
이미 기다리는 일의 헛됨을 알기 시작하고
바람은 불기 시작하려고 태세를 갖췄다

바람은 벌떡 일어나 불기 시작했다
레몬이 영근다 풍요한 인간의 대지에로
하늘과 역사와 그 일체의 저편의 빛으로
바람은 인간의 피를 지니려 하고 있었다
엄청난 인간의 흐름에 따라
바람은 벌써 시원하게 불고 있었다

산   다

부른다
큰 소리로 또는 작은 소리로
나는 부른다

지평선에 이어지는 보드라운 모래언덕
나의 내부에 들어오는 포구(浦口)
또 부른다
존재의 의미 행복의 무게

내가 두 손을 펼치면
세차게 떨어져 온
나는 행복을 불렀는데도
떨어져 온 것은 불행이었다
8월의 불길한 더위
우리들 위에
오오 언제나 불행은 그치지 않는다

부른다 나는 부른다
거칠게 바른 옻칠 거품
껍질 뿐인 존재를 꿰뚫고

부른다 사는 일 사랑하는 일
되풀이 부른다 사는 일 사랑하는 일
과거여 우리들은 행복하지 않았지만
과거여 우리들의 전율
우리들의 언 추억이여
두툼한 불행의 페이지를 나는 뒤진다
새로운 구두점을 찍는 나
불행 아래 불행 속에서
불행 밖으로
나는 산다 우리들은 산다

단상·무지개빛 생각

사람에게 글을 쓰도록 재촉하는 것은 무엇일까.

단순한 자기 과시욕일까. 자기표현의 욕구일까.

문학에서는 작품을 짓는 즐거움일까. 평론 따위에서는 주장하고 싶은 것이 있기 때문일까.

문학연구자라는 직업이 있다. 아니 순수하게 문학연구를 하고 그 성과를 책으로 한다든지 연구잡지에 발표한다든지 하는 것만으로는 동서양을 막론하고 우선 생활을 할 수 없기 때문에 그 사람들은 대개 연구교육기관(대학 등)에 소속되어 연구직 또는 교육직으로서 생활을 하면서 문학연구를 순수한 직업으로 부를 수 없을 지는 몰라도 (직업으로서의 학문이 완전히 성립될 수 있을까) 그 사람들 문학연구자를 끊임없이 사주하고 있는 것은 무엇일까.

나는 오늘 대학의 논총을 읽으면서 절실히 생각한다

무상의 정열? 다소의 평판이나 명성? 학내에서의 학자 연구자로서의 발언권의 확보를 위해? 지적 탐구심?

미국의 대학에서는 논문 수가 승진이나 포스트의 재계약에 영향을 주기 때문에 학자들은 그 때문에 꾸준히 논문 제작에 열중하는 것으로 듣고 있지만 (일본의 대학에서도 그런 경향이 없는 바도 아니지만) 과연 그러한 순수이익만을 위해서 뿐일까.

*

나이가 들 수록 운동신경이 둔해지고 신체의 부품 여기저기에 고장이 나기 쉽다. 괴로운 일이다.

하지만 이에 비해 머리의 활동은 오히려 더욱 활발해지는 듯한 느낌이 든다. 사고능력은 어쩌면 체력의 쇠퇴에 반비례하는 것이 아닐까.

성격적으로는 참을 수가 없게 되고 고집스러워지고 유연성을 잃기 쉽다. 노괴라는 말을 듣게 되는 현상이 생긴다.

그러나 그런 사실을 아는 것도 머리 작용 덕분이다. 사고력·판단력도 성숙한다. 잃어버리는 것이 있으면 얻는 것도 있다.

적어도 인문·예술적 분야에서는 노화의 현상은

상당한 연령에 이르지 않는 한 나타나지 않을 것이
다. 오히려 반대로 더욱 더 머리가 맑아진다. 감정
도 또한 어느 시기보다 싱싱함을 더하고 청춘시절
의 그것에 질은 달라도 필적한다(처럼 느껴진다).
고맙게 여긴다.

*

마음에 전해지는 시, 전할려는 시인가 아니면 언
어에 의해 자기 성을 쌓으려는 시인가- 오늘의 시
를 이처럼 둘로 나눌 수 있다. 현대 예술은 일반적
으로 후자의 경우가 강하다. 일본에서는 60년대 이
후의 시에 이런 경향이 강했다. 개 중에는 훌륭한
성, 사람들이 우러러 보고 감명을 받은 시도 있지만
공중의 누각과 마찬가지로 붕괴를 필연적으로 운명
지워진 시도 많았다. 인심이라는 기반, 뿌리가 되는
기틀을 가지지 못했기 때문이다.

기술만을 끄집어내어 말하더라도 독자편이 앞서
있는 듯이 보였다. 그러나 정말 그러했을까

마음에 전해지는 것을 지향하는 시는 기름져 있

었다. 화려한 겉보기는 없었다. 그늘에 숨어 있었다. 평가의 착각은 거기에서 생겨났다. 그러나 오늘날에는 복권의 주장이나 노력이 행해져서 (나도 거기에 손을 썼다) 그러한 본래의 시의 존재가치도 인정되기에 이르렀다.

가치관의 다원성이 정당성을 인정받게 되었다고도 할 수 있다.

상황을 판단하고 장기적 안목을 가지고 시의 소재를 생각할 필요가 있다.

다만 한편에 마음에 전해지는 시를 지향하고 있는 듯이 보이면서 실은 손쉽게 자기만의 성을 만들고 있는 시인들도 있다. 이것도 곤란하다.

성은 손쉽게 만들 수 없다. 설계에서 완성까지의 수순이 있고 착상의 번득임이나 끄떡없는 구성력도 필요하다. 언어에 대한 경의(敬意)를 잃어버려서는 안된다.

언어를 절대시하고 숭배하는 것은 잘못이지만(그것은 언어의 物神化이다) 언어를 손쉽게 사용할 수 있는 연장으로 생각해서는 안된다.

지금, 항간에서 읽혀지고 있는 소설에도 소모품으로서의 그것과 후세에까지 몇번이나 되풀이해서 읽기에 값어치 있고 역사적인 평가에 견딜 수 있는 것이 있다. 오늘날에는 정보화가 진보되어 있으니까 겉보기의 인기가 선행하고 소설의 평가에도 그 영향이 미치고 있다.

그러나 인기는 또한 시들해지기도 한다. 문학사 속에는 일세를 풍미하고 나서 잊혀진 작가나 작품의 예가 얼마든지 있다.

*

일반적으로 신문을 읽는다고 하는데 신문은 대개의 경우 보여지는 것이 아닐까.

물론 어떤 기사에 한해 정성껏 읽혀지는 수도 있긴하다. 그러나 그렇게 하는 사람들도 모든 기사를 끝에서 끝까지 읽는 이는 없다.

가령 내가 많은 기사를 비교적 정성껏 읽는 편이지만 스포츠 기사는 건성으로 볼 정도이고 혹은 그 속의 씨름의 별따기 표 따위나 훑어 볼 정도이고 다른 스포츠 기사는 거들떠 보지도 않는다. 신문을 정성껏 읽는데는 꽤 시간이 걸린다. 적어도 엷은 잡지를 한 권 읽는 정도의 시간이 걸린다.

셀러리맨이 통근 길에 신문을 펼친다. 제목만 읽고 다음 장을 뒤진다. 극히 일부의 기사만을 슬쩍 읽는다. 그 이상의 시간은 소비하지 않는다. 이리하여 신문은 거의 볼 뿐이고 읽히지 않고 신문에서 신문지로 바뀐다.

그래도 기사를 쓰는 측은 틀림이 없도록 짧은 기사라도 정확하게 독자(?)한테 읽히려고 쓸 것이다.

*

쟝 케노의 『잔 쟈크 루소전』을 읽고 있으면 루쏘는 결코 행복한 생애를 보내지 않았던 것을 잘 알 수 있다. 그는 인격도 원만한 사람됨이 아니었으며 (그 뿐만 아니라 케노에 의하면 그는 모순투성이 결점투성이의 인간이었다) 숱한 논적을 갖고 있었으며 언론에 의한 주장, 언론에 의한 싸움을 평생토록

계속하지 않으면 안되었다. 내가 힘을 얻는 것은 바로 그 점이다. 주위에 대해 <좋은 애>가 되려고 그 때문에 비겁한 행동을 계속하는 인간을 나는 경멸한다. 그러한 인간이 항간에는 (詩界에도) 얼마나 많은가.

정의를 상대적인 것으로 보고 정의를 주장하지 않는 것은 정의를 근거로 삼지 않았기 때문이다. 그러한 사실을 루소는 또 나에게 일러주고 있다.

자립한 자세. 산문을 쓰는 것으로 생활의 자산을 얻으려 하지 않고 수입의 길을 얻기 위해 매문하지 않고 즉 신념과 사상과에 (그리고 그의 경우는 감정과 광기에도) 사주되어 루소는 저 방대한 양의 저술을 했다.

루쏘를 재평가하지 않으면 안된다. 적어도 나는 그의 사는 법에 많은 것을 배웠다.

(에밀 조라나 미셸 푸고의 전기를 읽어도 무엇인가를 해낸 프랑스의 글쓰는 이들은 늘 심한 언론의 싸움을 하고 있었던 것을 알 수 있다)

*

갑자기 나는 <생각하는 사람>이 되었다.

상념이 차례차례 머리 속을 가로 지른다. 무지개 빛 사고. 써두지 않으면 무지개처럼 사라져 버린다.

망각의 연못에 가라앉는 것은 그대로 가라 앉게 하면 된다. 되살아나야할 것은 되살아나야 할 때에 되살아나리라 생각한다.

그러나 잊혀진 상념은 잊혀졌다는 사실 때문에 가치 있는 것으로도 생각된다. 써 두지 않은데 대한 후회, 하지만 또 새로운 상념은 부글부글 솟아 사고의 실이 풀리고 퍼져간다.

생각이 멀리 가까이 헤맨다.

써 둘만큼.

자신이 살아 있는 증표이기나 한듯이.

고카이 에이지씨에 대하여

김　광　림

　고카이 에이지(小海永二)씨와의 만남은 극히 최근의 일이다.

　지난 90년 8월 서울에서 개최된 제12회 세계시인회의가 그 동기가 되었다. 미국의 킹즈버그라든가 러시아의 보즈네센스키 등이 참가한 이회의의 분과회의 강연에서 나는 일본의 고카이 에이지씨, 대만의 천치엔우(陳千武)씨와 함께 주제인 「현대시에 있어서의 동서양의 만남」에 대해서 말했는데 그때 고카이씨는 「일본 현대시에 있어서의 서양과의 만남」이라는 제목으로 발표를 했다.

　같은 날 오후, 두 사람을 내가 편집하고 있었던 월간 시지 『현대시』에 초대해서 「현대시의 행방」에 대해 주로 일본·대만·한국의 시를 중심으로 두 시간 남짓 이야기를 나누었다. 이 시지의 「세계시인회의 특집호」에서 이를 특별좌담으로 취급하게 되었다.

　이때 고카이씨는 자신의 시에 대해 '예나 지금이나 한결같이 한마디로 말해서 인생파의 시'라고 말했다. 이어 '젊었을 때에는 청춘시절의 애상이라든

가 비애라든가 혹은 탄식이라든가 사람과의 관계
속에서 생겨나는 굴욕감 같은 것이 있었으며’, ‘인간
관계 속에서 보여지는 타자와의 위화감, 나는 다른
사람과는 다르다는데서 오는 고독의 쓸쓸함 같은
것이 초기의 작품에는 있었다’고 덧붙이고 있다.

　이쯤에서 고카이씨의 사람됨이라든가 시의 패턴
을 엿볼 수 있을 듯하다. 솔직히 말해서 고카이씨는
좀 친숙하기 어려운 데가 있다. 맑은 눈표정, 재빠
른 판단력, 민첩한 동작이 그러한 느낌을 가져다 주
지만 뜻만 맞으면 쉬 친숙해질 것 같다.

　어쩐지 고카이씨의 이러한 성격은 신슈(信州)의
소개처에서의 굴욕감에서 이뤄진 것이 아닌가 여겨
진다. 신경질적이고 좋고 싫은 것이 분명한, 그러면
서도 지독히 마음 약한 내성적인 소년의 기질이 그
렇다고 하겠다.

　고카이씨가 청춘의 출발점에서 쓴 「고개」는 인생
의 고개라는 뜻도 포함해서 그것을 넘어 어른이 되
어간다는 느낌을 포함하고 있다. 「고개·1」이 초기의
대표작으로 간주된다.

　　소년시절의 나는 고갯길을 올라갔었다
　　고갯마루에서 산길이 끊어지면
　　나는 저녁 어스름 속에 솟아 있는
　　한 그루 삼목(杉木)을 기어올랐다
　　두 가닥의 굵직한 가장이에 걸터앉으면

계곡 저쪽 언덕에
소나무 숲이 있고
소나무 숲 사이를
지금 저녁해가 커다란 붉은 구슬이 되어
장엄하게 가라앉는 것이 보였다
소년시절의 나는 조그만 연을
품 속에서 꺼냈다
  (연은 전국시대의 장수 얼굴이 그려져 있었다)
보라빛 냉기가 골짜기에 깊이 스며들무렵
소년시절의 나는 하늘 높이 연을 띄웠다

갑자기 연줄이 뚝 끊어졌다
나의 마음 속에서 뚝하고 줄이 끊어졌다

마지막 두 줄이 아주 효과적이다. 연끈이 뚝 끊어진 찰나 소년의 마음 속에서 자기와 외계를 잇는 마음의 줄이 뚝 끊어졌다는 발상은 <시에의 눈뜸>을 암시하는 것으로 보이며 단독자의 최초의 첫발을 내디딘 순간의 충격을 이렇게 표출한 것으로도 간주된다

고카이씨와의 두 번째 만남은 한국시인협회 <'92 가을세미나>에서의 일이다. 또다시 小海·陳 양씨를 초청하여 한국시인과 더불어 강연을 의뢰했다. 그때 정숙한 부인도 동행하여 내한했다. 주제는 「정보화 시대에 있어서의 시의 역할」이었으나 고카이씨는

「정보화시대에 있어서의 일본의 현대시」에 대해 말했다.

한국에 머무르는 동안 선약이 있어서 구상씨로부터의 점심초대에는 응하지 못했지만 대신 부담없는 구상씨 서재 방문에 고카이씨가 선뜻 응해준 데는 모종의 인연이 있었다는 것을 후에 알게 되었다. 이야기가 앞서 가지만 후일, 고카이씨 서재에서 받은 8페이지의 얄팍한 팜플렛의 「해외시 연구·4」(1960. 4. 1)발행. 유리이카 4월호 부록)에 구상시집 『초토의 시』에서 세 편이 번역되어 실려 있었다. 역자는 일본 유학 중에 젊어서 죽은 C군인데 뜻밖에도 그는 나와 중학 동기생이었다.

이 팜플렛 편집을 고카이 에이지·슈와 유(諏訪優)·시미즈 야스오(淸水康雄)의 세 사람이 하고 고카이씨가 구상씨의 소개를 겸해 평문까지 곁들이고 있었다.

즉 <데카당스와 인도주의와 애국주의와의 기묘한 혼잡이 보인다>, <다분히 묘사적이고 기술적으로는 반드시 높다고는 할 수 없으나 되풀이 읽고 있는 사이에 단순용이한 이 시에서 마음에 스며드는 것이 있었다>고 날카롭게 찝어대고 있는데 <문인으로서 무공훈장을 받은 모양인데 이것은 무엇을 의미하는 걸까>라고 의아한 발언을 하고 있다. 나는 훈장 건에 대해서 몰랐던 일이지만 후에 본인에게

여쭈어본즉 『승리일보』 주필을 한 공로로 받았다는 것이다.

얘기가 좀 옆길로 새었지만 같은 92년 11월 <지구시제>에 초청되었을 때 요코하마(橫浜)의 댁까지 이시하라 다께시(石原 武)씨의 안내를 받아 한국의 시인 네 명과 함께 폐를 끼친 것이 세 번째 만남이었다. 이 모임은 <일본현대시연구자 국제네트워크> 멤버의 축소회합이기도 했다.

오스트레일리아의 리스 모튼씨와 아히자와 시로오(相澤史郎)씨를 여기서 처음 만났다. 모튼씨는 아직 40대의 장년으로 일본어도 능숙하며 기타조노 가쓰에(北園克衛)의 시와 시론에 자상한데 놀라버렸다.

당일 기타가미(北上)시에 있는 일본 현대시가문학관에서의 세미나 개최에 대해 의견을 교환했다.

고카이씨의 서고(書庫)는 한마디로 사설도서관을 방불케했다. 거기에는 책의 크기나 국적을 불문하고 시의 자료가 되는 것이면 무엇이든 보관하고 있는 듯했다. 1만권이 넘는 장서의 절반 이상이 자비출판물의 기증본인 모양이고 버려도 괜찮을 것까지 소중하게 보관돼 있는 데는 놀라지 않을 수 없었다. 일찌기 다무라 류이치(田村隆一)씨가 아이오와의 창작교실에서 기증받은 책을 몽땅 술과 바꿔버린 것과는 좋은 대조를 이룬다.

전번 방한시에 가지고 돌아간 우리의 시지와 시

집도 잘 간수되어 있었는데 이국에서 만난 자신의 시집이 반가웠다.

서재는 별실로서 타인의 출입이 통제되어 있는 듯하다. 슬쩍 엿보고 그런 느낌이 들었다. 이 댁의 전망대에서 바라본 저녁노을의 광경은 멋지고 인상적이었다.

나는 고카이씨와 사귀기 훨씬 전부터 씨의 평론집 『근대시에서 현대시에』(有精堂), 『일본 전후시의 전망』(硏究社) 및 공역인 『입체파의 화가들』(昭森社)을 읽고 있었던 것이다. 그러므로 평론가인 <小海永二>에 대해서는 진작부터 잘 알고 있었으나 시인의 <小海永二>는 80년대에 들어서서의 일이다.

무릇 고카이씨의 비평안은 날카롭고 엄하다고들 하지만 일단 시에 돌아오면 상냥해진다. 표현도 쉽다. 어떤 의미에서는 점잖은 소년적인 감상마저 곁들이고 있다. 희노애락을 노골적으로 드러내고 있는 것은 아니지만 어딘지 애수가 떠돌고 있다. <閑寂>이라든가 <쓸쓸함>의 정념과는 다르다. 객관화된 센티멘탈이 눈에 띈다.

<확실히 신슈(信州)의 자연은 아름답고 풀숲에 누워보는 산의 구름은 소년시절의 내 마음을 애상과 더불어 아득히 멀리로 유인한다>고 말하고 있다시피 고카이씨의 시는 신슈의 「고개」를 원점으로 해서 시작되고 인생의 「고개」를 종점으로 하고 있

는 것이 아닐까.

나는 아름다운 시를 사랑할 수 있었다
진실로 감탄하고 눈물지은 일도 있었다
하지만 시의 비평따위는 도저히 할 수 없었다
「시론」따위 어떻게 썼을가

시 「변명」의 일부에서도 아시다시피 아름다운 시를 사랑하고 감탄하고 눈물지은 일도 있었던 소년 기질에서 비롯되는 감상성은 고카이씨의 시의 패턴이 되어 있는 것이 아닐는지. <달콤한 서정시를 써서 비판을 받아왔다>고 고백하고 있다시피 고카이씨의 시에는 소년, 소녀, 어린이가 제재로 자주 등장해서 순진한 기질을 표출하고 있다.

고카이씨는 <시의 비평따위는 도저히 할 수 없었다/「시론」따위 어떻게 썼을가>고 생각하면서도 일본을 대표하는 비평가, 시론가가 된 것은 참으로 아이러니컬한 일이 아닐 수 없다.

무릇 현대시가 자아(自我)에 갇혀 있는 데 대해 고카이씨는 독자의 입장에서 시의 존재가치를 추구하고 있는 듯하다.

심지어는 앞서도 언급한 『현대시』의 좌담에서 말하고 있다시피 <나는 현대시인이 아니고 근대시인인지도 모릅니다. 근대시 쪽에는 사람과 사람과의 마음을 이어주는 풍요한 맛이 있었던 것이 아닌가

생각합니다. 이에 대해 지금의 전위적인 현대시에는 인간과 인간과의 마음이 교량으로서의 역할을 포기하고 자기만의 틀 속에서 세계를 이룰려는 경향이 보입니다>고 솔직하게 자기입장을 밝히고 있는 것으로도 알 수 있다.

대상을 솔직하게 수용하고 평이하고 즉시성(卽時性)이 있는 말로 표출하고 있는 것이 눈에 띄는 것은 제멋에 겨운 실험보다 독자의 입장에서의 배려로 여겨진다. 고카이씨의 시가 단순직절한 것은 현대시인이 즐겨 사용하고 있는 메타포의 테크닉에 구애되지 않기 때문인지도 모른다. 왜냐하면 메타포에 의해 인간으로서의 소중한 것을 잃는 것을 두려워 했기 때문인지 모른다.

이 소중한 것이란 가령 약자의 입장에서의 고백과 같은 휴먼이라든가, 개개의 구체적 실재를 위한 싸움이라든가, 소외된 정신의 회복 등을 들 수 있을 것이다.

이와같은 관점에서 고카이씨의 에스프리는 호리다쓰오(堀 辰雄)와 공통되는 점이 있다고 하겠다.

고카이씨와의 네 번째 만남은 일본 현대시가문학관에서의 세미나에 의해 이루어졌다. 세계의 시인 씨리즈의 최초의 기획에 의한 「한국의 시인은 말한다」에 구상(具常)씨와 내가 파네라로서 초대되었던 것이다. 코디네이터를 고카이씨가 맡았다. 주로 한

국의 현대시에 대해 이야기했기 때문에 고카이씨에
대해서는 전혀 언급할 기회를 가지지 못했지만……

　결론적으로 말해서 고카이 에이지씨는 철두철미
의 시인이라고는 말할 수 없을는지 모른다. 하지만
시의 비평가, 해외시의 연구가, 번역가 등으로 폭넓
게 활동하고 있으며 그때문인지 15년간의 시작의
공백도 보이기 때문이다. 그래도 『고개』, 『풍토』,
『경망한 시대의 어두운 노래』, 『나의 인생찬가』 등
의 시집은 시인으로서의 고카이 에이지씨를 지탱하
고 있는 듯하다.
　지금도 여전히 맨먼저 취급되어 화제가 되고 있
는 것은 초기 시집인 『고개』로서 그 중에서도 「고
개·1」이 고카이씨의 이미지에 꼭 들어맞는다고 하
겠다. 하지만 『미간(未刊)시집』의 작품 「작은새가
모이를 쪼듯이」는 시작의 전환기를 시사하고 있는
듯하여 주목된다.

작은새가 모이를 쪼듯이
나는 말을 쪼아서
마음의 굶주림을 채운다
나는 늘 굶주려 있다

　<마음의 굶주림을 말을 쪼아서 채운다>는 발상
은 언어예술로서의 시에 대한 새삼스런 관심이던가

아니면 말에 굶주린 인생파 시인의 갈구를 호소한
것으로도 받아들여진다.

= 시인의 연보·저서 =

◪ 연   보

1931년 東京 麻市에서 태어남.

1938년 모친 사망.

1951년 東京大學 교양학부 입학. 東大詩人서클 참가. 기관지 『시의 모임』에 작품 발표.

1952년 串田孫一 등의 詩誌 『알피레오』에 참가.

1955년 東京大學 佛文科 졸업. 중학 교사로 취직.

1961년 三省堂 발행. 국어교과서 편집위원이 됨.

1962년 岩戶伸子와 결혼.

1963년 長女 浩子 탄생.

1965년 多摩美術大學 조교수. 長男　純一 탄생. NHK通信高校 강좌를 맡음.

1966년 橫浜國立大學 전임강사.

1975년 부친 사망

1978년 橫浜國立大學 교수.

1982년 대학 동료 교수와 영국, 벨기에, 프랑스 등지를 최초로 해외여행.

1983년 단기해외연구원으로 프랑스, 스위스, 스페인 등지를 연구 여행. 파리에서 앙리 미쇼를 만남. 튜리히에서 「전후의 일본과 현대시」를 강연.

1985년 일본현대시인회 이사장.

1986년 한달 동안 프랑스, 벨기에, 스위스 여행. 장녀 결혼.

1988년 東京 麻市에서 橫浜市戶塚區로 이사.

1989년 월간 詩誌 『詩와 思想』 편집책임을 맡음. 프랑스, 벨기에, 스위스 등 여행. 손자 탄생.

1990년 세계시인대회 참가차 서울에 오다. 월간 『현대시』

의 기획으로 金光林(韓) 陳千武(臺) 등과 「현대시의 행방」에
대해 좌담.

1991년 일본현대시인회 회장 취임. 스페인 여행.

1994년 橫浜國立大學 퇴임. 명예교수로 있음. 季刊 詩誌
『르파르』 창간.

▨ 저서 및 중요 번역서

고카이 에이지의 저서, 번역서, 편저는 무려 100여 권에 달
한다. 그 중 개인시집과 평론집 중요 번역시집 만을 소개하면
첫시집 『고개』(1954)와 제2시집 『風土』(1956)를 낸 후 29년
만에 제3시집 『경망한 시대의 어두운 노래』(1985)를 내고 제4
시집 『나의 인생찬가』(1988)를 간행했다.

평론집으로는 『현대 프랑스 시인 노트』(1960)『近代詩에서
現代詩에』(1966)『現代詩의 감상의 연구』(1970)『일본 전후시
전망』(1973)『現代詩의 어제와 오늘』(1975)『現代詩의 構図-
전후 일본의 시와 시인』(1977)『詩心의 遠景』(1977)『現代詩
의 내일을 찾아』(1983) 등과 에세이集『詩人의 周辺』(1983)이
있다.

중요 번역시집으로는 『앙리 미쇼 시집』(1955)『로루카 선
집』(全3卷, 1956)『앙리 미쇼 散文詩集』(1959)『시몬느 베이유
시집』(1971)『현대 프랑스 신시집』(1978)『앙리 미쇼 全集』
(全3卷, 1978)『로루카 全詩集』(全2卷 1979) 등이 있으며『로
루카 評傳』(1979)도 있다.

번역을 끝내고

순결로 표상되는 내면 세계의 풍경

권 택 명

고카이 에이지(小海永二) 시인은 20대의 대학시절부터 60대 중반에 접어든 현재까지 부단히 시 창작과 시론 등의 평론활동을 활발히 전개해오고 있는 전후 일본 시단을 대표하는 시인 중 한 사람이며, 대학 강단에서 불문학을 강의하는 학자이기도 하다. 또한, 프랑스의 앙리 미쇼에 대한 번역서와 일본의 명시를 편집한 저서 등도 출간함으로써, 해외문학의 번역 소개와 시의 보급에도 힘쓰는 등 다양한 활동을 해오고 있다. 특히, 1992년에는 한국시인협회 세미나에 초대되어 "정보화 시대의 일본 현대시"를 강연하는 등, 한국 시인들과의 교류에도 적극 참여하고 있으며, 폭넓은 국제감각을 갖춘 시인으로 평가되고 있기도 하다.

고카이 시인의 시는 극도의 난삽한 언어실험이 주를 이루는 일본의 현대시단에서 볼 때는 드물 정도로 순수 서정시의 영역을 지켜오고 있다 하겠는데, 치밀한 묘사와 정확한 표현력으로 내면풍경을 드러내는 그의 작품들은, 인간 내면에 존재하는 고독의 발견과, 틀에 박힌 논설을 거부하는 자유로운 정신의 산물이라는 평가를 얻고 있다. 이는 고카이 씨의 시인으로서의 출발이 소위 <전후>라는 관점에서 언급되고 있다는 점과, 전시의 지방 소개(疏開) 경험을 통해 시인이 느낀 고통에서 비롯되고 있다는 지적과 무관하지 않는 것이라고 할 수 있다.

아울러 이와같은 사회적인 충격을 개인적이고 감각적인 언어로 수렴하여 순수시의 세계를 엮어가는 것은, 고카이 씨의 시인으로서의 천성적 결백성에서 오는 것이라는 평가를 얻고 있기도 한다. 그의 시는 일견 쉬운 언어들을 구사하고 있지만, 그 배경에는 결코 만만치 않은 현실의식과 초월의식이 자리하고 있으며, 그런 의미에서 그가 일관되게 구사해오고 있는 감각적인 서정의 세계는 일본 시단이 잃어가고 있는 순수 서정시의 전통을 이어가게 할 것으로 보여지기도 한다.

고카이 시인과는 1992년도의 한국 방문이래 교분을 나누고 있는 바, 이번에 그의 시를 한국에 소개하게 되어 기쁘게 생각한다. 솔직히 역자의 일본어 능력이 시를 번역하기에는 역부족이라 하겠으나, 시인 김광림 선생의 도움으로 한 권의 책이 엮어지게 되었음을 밝혀두면서 감사의 뜻을 전하고자 한다. 아울러 이런 고급문화의 교류가 한일 쌍방간에 더욱 활발해지기를 기대하며, 나아가 이런 일들이 우리 한국 시의 세계화에 조금이라도 기여되기를 바라는 마음이다.

1995년 11월

옮긴이 권 택 명

1950년 경북 경주군 출생. 영남대학교 및 동 대학원 졸업.
1974년 「심상(心象)」 신인상 당선으로 데뷔, 시집으로는 『사
랑·이후(1976. 조광출판사), 『소설부근(小雪附近)』(1983. 일본
어역. 도쿄 자양사), 『그림자가 있는 빈터』(1985. 민족문화사)
『영원 그 너머로』(1991. 둥지)가 있음. 한국시인협회 사무국장
을 역임하였으며 현재 동 상임위원. 한국문협, 펜클럽, 한국번
역가협회 회원. 한국외환은행 도쿄지점 차장으로 재직 중.

새가 모이를 쪼듯이   정가 : 4,000원

초판 인쇄 / 1995년 12월 30일
초판 발행 / 1996년 1월 5일
글쓴이 / 고카이 에이지
옮긴이 / 권 택 명
펴낸이 / 최 석 로
펴낸곳 / 서 문 당
주소 / 서울시 마포구 성산1동 20-12호
전화 / 322-4916~8 팩스 / 322-9154
등록 일자 / 1973. 10. 10
등록 번호 / 제13-16

* 잘못된 책은 바꾸어 드립니다